42
Lb 246.

APPEL

A LA JUSTICE

ET A LA

CONSTITUTION FRANÇAISE.

*De vos voisins soumis, heureux Législateurs,
Gouvernez par les lois, et régnez par les mœurs.*

V o l t.

ABORDE avec respect une question sur laquelle arrêtera l'œil impartial de la postérité, soit pour honorer la sagesse du Sénat français, soit pour accuser sa faiblesse.

Cette question est jugée par les principes fondamentaux de l'ordre social.

„ Toute proposition qui s'écarte de la ligne de la justice ne peut être faite ou accueillie que par des fous, des fripons, ou des ennemis secrets du Gouvernement.

„ Le prétexte du bien public, arme ordinaire des

A

„ ambitieux, fut, de tout tems, le grand fléau d[es]
„ peuples ".

(J. J. ROUSSEAU).

Cependant l'intrigue, qui s'agite sans cesse dans l[es]
Républiques naissantes, se propose de porter attein[te]
aux biens et à l'existence civile du clergé belgique.

Déjà l'hydre anti-sociale, qu'on nomme anarchi[e]
s'annonce pour l'écho fidèle du vœu public; déjà s[on]
génie malfaisant a fait l'affreux calcul des maux q[ue]
produira cette mesure désorganisatrice.

Mais elle est déjà loin de nous cette époque désa[s]treuse, où les hurlemens du monstre, qui se procl[a]mait le dieu de la liberté, excitaient une frénésie *ext[er]minatrice* dans la masse aveugle ou égarée du peup[le]
français, et frappaient le reste d'une mortelle stupe[ur].
Aujourd'hui le retour de la raison permet aux amis [de]
la liberté de méditer, dans le calme des passions, l[es]
grands intérêts de la République.

La voix mourante des factions oserait-elle reprodui[re]
les paradoxes et les sophismes qui ont déshonoré l[es]
premières phases de la révolution française ? Osera[-t-]
elle faire un dernier effort pour égarer l'opinion p[u]blique, et ressaisir son sceptre de fer au milieu [du]
désordre et de la confusion qu'engendre la violation d[es]
personnes et des propriétés ? Non, sans doute : [le]
Directoire, éclairé sans cesse par le soleil de la justic[e,]
évitera sans peine les pièges que lui tendent simult[a]nément l'intrigue et la malveillance. Sa sagesse déjoue[ra]
leurs trames perfides, et arrachera aux avides dilap[i]dateurs les propriétés considérables qu'ils convoiten[t,]
et dont la conservation peut seule garantir la prosp[érité]

ité du Gouvernement français. En effet, il faudrait être insensé pour croire au patriotisme des individus qui conseillent d'expolier tyranniquement, scandaleusement, et sans aucun profit, un clergé qui, en contribuant aux charges de l'état, dont il a reconnu les lois, peut verser, à différentes époques, des valeurs *quadruples* de celles que produirait la vente de ses domaines, convoités par le dévorant agiotage.

Attenter aux propriétés du clergé, c'est en faire le sacrifice, c'est renoncer à cette mine inépuisable, dont les ecclésiastiques sont les gardiens et les sages Administrateurs; et puisqu'une fatale expérience a prouvé l'insuffisance du produit de l'aliénation des biens ecclésiastiques, qui n'ont pu faire face aux frais, traitemens, pensions, dettes et charges inhérentes à ces mêmes biens, sous quel prétexte se permettrait-on de violer les lois hospitalières, sur lesquelles repose l'union de la Belgique à la France?

Ce serait troubler l'harmonie sociale pour le seul attrait du trouble et de l'innovation; ce serait nuire pour le plaisir de nuire, et étendre gratuitement le crêpe funèbre de la désolation sur un pays dont les habitans paisibles chérissent leurs coutumes, leurs usages, et, sur-tout, la religion de leurs pères. Tous les cultes sont égaux devant la loi et aux yeux de la société civile. Le philosophe intolérant, qui persécute le prêtre, est un fanatique aussi odieux, que le prêtre qui persécute le philosophe.

Il est inutile d'entreprendre la réfutation de l'argument tiré des mesures qui ont été adoptées envers le clergé de France, sous l'Assemblée constituante. Il est évident qu'il n'existe, dans l'espèce présente, aucune parité de situation ni de circonstances. Aux époques orageuses de la révolution française, l'enthousiasme dictait tous les décrets, et l'on s'occupait moins de discuter les droits que d'étonner par la hardiesse des innovations. Dans une lute polémique, l'amour-propre joue le premier rôle, et il est démontré que cette passion exaspérée par la résistance du clergé, a seule fait les frais d'une mesure, dont une tardive expérience a manifesté les inconvéniens.

Au surplus, nous ne nous érigerons pas en apologistes de la cause du clergé de France, qui était, pour ainsi dire, en état de guerre contre le peuple insurgé. Il est résulté de la chaleur de l'action qu'il a engagée, que ses propriétés ont été plutôt conquises que jugées appartenir à la nation. Il était naturel que le parti triomphant usât des droits de la victoire envers un ennemi qui avait eu la témérité de tenter le sort du combat.

Le clergé belge serait justement en but au même danger, disons plus, à la même peine, si, à l'exemple du clergé français, il s'insurgeait contre ses frères; ou s'il refusait de partager le vœu de leur réunion à la République française. Mais dans cette hypothèse même, la nation belgique, légalement représentée, aurait seule le droit de déployer des mesures de rigueur contre son clergé récalcitrant, et de saisir ses propriétés, si elle le jugeait convenable.

Mais le principe sacré du droit des gens s'oppose formellement à ce qu'une puissance quelconque étende une main usurpatrice sur les propriétés d'une portion d'un peuple *allié*, sans le consentement unanime de ce même peuple.

Les différentes provinces belgiques ont chacune leur Constitution, dont les nuances différentes sont analogues au génie des habitans. Un des points fondamentaux porte : *que les domaines ne peuvent être aliénés sans le consentement du peuple.*

Quoi ! la main de la liberté, cette source féconde de toutes les vertus, pourrait jeter un voile sur les droits d'un peuple qui encense ses autels, et déchirer les pages de la charte constitutionnelle, que le despotisme lui-même a respectée pendant des siècles ? Quoi ! les Chefs d'un Gouvernement libre ne rougiraient pas de prendre pour maître et pour modèle le despote *Joseph II*, qui, sous des prétextes qui n'avaient pas même le mérite d'être spécieux, supprima un nombre considérable de monastères, et ne réussit qu'à tarir les sources de la richesse publique, en dépouillant, pour l'utilité des fripons seulement, les ecclésiastiques dont l'active industrie couvrait la terre d'abondantes moissons ?

Quelle fut la suite du scandale de cette usurpation ? *Joseph II*, qui pouvait être le père d'un peuple généreux, en devint l'oppresseur.

Pour soutenir son système de spoliation, il fut obligé de mettre la terreur à l'ordre du jour et gouverner militairement. Alors l'indignation et le désespoir décuplèrent l'énergie d'une nation fière et indépendante. Elle se fit justice à elle-même ; elle reconquit ses droits usurpés, et elle déclara l'usurpateur déchu de sa souveraineté.

Peut-on voir, sans étonnement, des Républicains se faire gloire de devenir les continuateurs d'un despote, en frappant de la foudre de l'arbitraire un peuple belliqueux qui, à l'époque de sa première révolution, sans autres armées que son courage, mit en fuite plus de 20,000 Autrichiens.

Quoi qu'il en soit, la France, pénétrée du sentiment de sa supériorité, doit être assez généreuse pour faire entrer l'amour des peuples dans la balance des intérêts politiques ; elle doit peser avec attention cette assertion d'un grand homme : *que dans un moment où une nation se constitue, elle doit éviter de s'attirer sur les bras, même les ennemis qu'elle est sûre de vaincre.*

Eh! peut-on assigner un rang parmi les enfans légitimes de la patrie, à ces farouches démagogues qui s'appliquent sans cesse à détacher de la France les nations florissantes et fidèles que d'inviolables traités ont associées à son sort. Les révolutions sont pour ces factieux un métier, un besoin, une spéculation, parce qu'ils sont les instrumens aveugles ou volontaires des inspirateurs secrets, qui espèrent retrouver la royauté au sein des discordes.

Vouloir brusquer la suppression des monastères dans la Belgique ; vouloir envahir leurs propriétés, c'est, d'un côté lâchement abuser de ses forces, pour rompre le pacte d'une alliance solemnelle, et de l'autre allumer le flambeau des discordes civiles, qui peuvent faire de la Belgique une nouvelle Vendée.

Qu'on parcoure les annales de la révolution des dix-sept provinces belgiques, révolution qui a duré près d'un siècle, on se convaincra de l'empire qu'exercent les préjugés religieux sur un peuple qui, malgré son amour pour la liberté, est encore loin d'être mûr pour les hautes conceptions de *la philosophie :* et puis, our faire chérir cette déité des ames fortes, il faut la montrer sous des formes séduisantes ; il faut éviter de ternir son éclat, de décolorer son teint virginal, en la mariant, disons mieux, en la *prostituant* au hideux brigandage. Est-ce par la spoliation scandaleuse des propriétés ; est-ce par la subversion des colonnes de l'ordre social, qu'on peut assurer le triomphe de la raison, et faire succéder ses rayons bienfaisans aux ténèbres de la superstition ?

Nous avons présenté le tableau rapide des suites funestes qu'entraînerait la violation des propriétés ecclésiastiques dans la Belgique : il importe actuellement de démontrer que ces inconvéniens ne seraient compensés par aucun avantage réel, à moins qu'on ne mette au rang des avantages l'accroissement de la fortune des égoïstes spéculateurs.

On sait que le funeste talent de ces vampires consiste à profiter des fautes du Gouvernement, de son impatience de jouir, et du désordre des finances, pour acquérir, à vil prix, les plus riches propriétés. A peine le décret de confiscation serait-il rendu, que cette espèce astucieuse mettrait en mouvement tous les ressorts de l'intrigue pour persuader qu'il est dangereux de traiter dans le moment présent. A cette inquiétude naturelle se joindrait la crainte d'une insurrection dans un pays où tous les intérêts auraient été froissés. On craindrait encore les effets de la vengeance et du désespoir des propriétaires expoliés ; et cette crainte serait d'autant plus fondée, que la France a été et est encore le théâtre des réactions terribles qu'enfantent la misère et l'esprit de parti. Cette tactique réunirait tous les domaines ecclésiastiques dans la main des agioteurs, presque sans profit pour le Gouvernement, qui n'aurait fait que servir les intérêts de cette classe immorale, des Corps administratifs et des despotes étrangers ; je dis des despotes, parce qu'il est incontestable que les forces des puissances ennemies s'accroissent de tous les individus que le mécontentement détache du Gouvernement français. Sous ce dernier rapport, la mesure convulsive que l'on propose blesse ouvertement les intérêts politiques et diplomatiques, d'un Gouvernement jaloux de planter l'olivier de la paix sur un sol couvert des lauriers de la victoire.

En effet, si l'amour et la reconnaissance des peuples sont les tribus les plus précieux, les plus flatteurs aux yeux des Gouvernans vertueux, tout ce qui tend à assurer le bonheur général doit être l'objet de leur sollicitude. Or, le sort du peuple belgique est intimement lié à celui de son clergé, dont il honore les vertus philantropiques, et avec lequel il est en quelque sorte identifié par tous les rapports qui attachent à la vie. Donc, puisqu'on ne peut séparer la cause du peuple belge de celle de ses amis, de ses soutiens, de ses pères nourriciers, il faut repousser avec horreur l'idée d'anéantir les maisons religieuses de la Belgique. Ah ! nous ne craignons pas d'assurer que le jour qui éclairerait cette mesure, aussi dangereuse qu'impolitique, serait pour la Belgique un jour de deuil et de calamité publique, et ne pourrait avoir d'attraits qu'aux yeux de ces êtres immoraux, pour lesquels les larmes de l'humanité sont la plus belle des offrandes.

On affecte sans cesse d'oublier que l'on est redevable à ces *moines* (que l'ingratitude ridiculise pour les assassiner avec impunité) de tous les trésors qu'enfante l'industrie productive, de toutes les ressources, aussi merveilleuses qu'inépuisables, qui, jusqu'à ce jour, ont porté la vie et la circulation dans toutes les parties du corps social. Si, dans le territoire français, malgré l'extrême rareté du numéraire, le prix des denrées surpasse celui de tous les apprécis connus de l'ancien régime, il faut attribuer ces fléaux à la suppression des abbayes, sans lesquelles l'agriculture serait encore au berceau, par la raison sensible que les grands propriétaires entreprennent seuls les essais et les défrichemens, dont le produit est incertain ou éloigné. Quel fruit retirons nous des travaux de leurs successeurs? Je propose cette question aux Français étrangers aux factions.

Sans les moines, les vastes contrées de la Belgique, malgré la beauté du ciel et la fertilité du sol, ne présenteraient qu'un vaste et aride désert. Qui pourra remplacer dignement ces capitalistes philantropes, qui se ont une règle, un devoir de vivre en société, au sein de la solitude, où leur présence attire et nourrit tout ce qui respire! Le froid égoïsme, qui semble encore acquérir un nouveau degré de perversité au sein du sybarisme et du tumulte des villes, pourrait-il faire croître un seul épi? Non : ce monstre stérile ne connaît d'autre calcul que celui de l'usure et de l'accaparement.

Les religieux, au contraire, et particulièrement ceux de la Belgique, où n'a jamais pénétré la corruption des grandes cités, ont acquis des droits immortels à la reconnaissance des peuples. Défrichemens, plantations, entretiens de forêts, découvertes de mines, de carrières, établissemens des usines, fabriques et manufactures., éducation publique et gratuite, tout a été du ressort de ces généreux créanciers de *la terre*, dont un siècle ingrat leur dispute aujourd'hui la propriété et même la jouissance usufruitière. C'est à leur infatigable émulation que nous devons la fertilité des terreins jadis abandonnés. La Campine, le pays de Waes, le Brabant-Wallon, etc., dont la fertilité contraste avec l'aridité des lieux adjacens, où il n'existe pas de corporations ecclésiastiques : voilà les témoins irrécusables qui déposent en faveur de ces corporations, que l'ignorance et la passion calomnient avec acharnement (1).

Pourquoi le salut public est-il étroitement lié au maintien scrupuleux des propriétés ? C'est que l'intérêt général se compose des intérêts particuliers, de manière qu'on ne peut ébranler une seule colonne de l'édifice social, sans que les autres en ressentent le contre-coup.

En frappant les ecclésiastiques des pays unis à la France, on frappera leurs parens, leurs fermiers, leurs pensionnaires, leurs créanciers, et le nombreux essaim des indigens dont ils soutiennent l'existence. Que de voix plaintives accuseront l'injustice et la cruauté des Législateurs ! Le sourire faux et sardonique des sardanapales, des parvenus et de leurs valets, vaut-il la douce effusion de la sensibilité publique ?

Il est facile de prouver que les intérêts du clergé se confondent avec ceux de leurs créanciers : en effet, s'emparer des biens du clergé, c'est divertir le gage affecté à l'hypothèque des sommes prêtées ; c'est dénaturer leur titre, c'est changer leur condition, en subs-

---

(1) Ces faits sont connus de tous les habitans et de tous les voyageurs qui ont parcouru ces contrées.

ituant, sans leur consentement, et à leur détriment ; le crédit de la République à celui du clergé belge. J'énonce cette grande vérité, parce que les Gouvernans de la France me semblent dignes de l'entendre.

Les partisans du système d'envahissement objectent que la nation française ne reconnaît pas de vœux religieux. Que signifie cette profession, sinon que la République française ne regarde point comme obligatoire le serment fait de consacrer sa vie à la pratique des devoirs religieux. D'après sa propre définition, la liberté n'est autre chose que le droit de suivre les penchans de la nature, lorsqu'ils ne sont pas contraires à la loi ; mais c'est tomber dans une coupable inconséquence, que d'ordonner à celui qui chérit un monastère, (où une retraite quelconque), de le quitter sous peine d'en être expulsé de vive force : alors, les droits de l'homme sont violés réellement ; la liberté en pleurs fuit épouvantée, et, quelque soit le prétexte dont on colore cet ordre, le prisonnier volontaire ne voit dans son prétendu libérateur qu'un maître farouche, qu'un despote.

On ne rappellera pas en vain à un Gouvernement fidèle à ses promesses, que, lorsque ses armées triomphantes entrèrent dans les provinces belgiques, il prit l'engagement solennel de maintenir les Belges dans leurs propriétés, *sans exception quelconque d'état ou de profession ;* et ce qui prouve que le clergé (qui est incontestablement une partie intégrante de la nation) était compris dans cette assurance générale, c'est qu'il a été imposé comme les autres citoyens ; c'est qu'il a contribué, suivant ses facultés, aux charges publiques. Certes, ce prélèvement d'impôt est un acte obligatoire et sinallagmatique entre la France et le clergé belge, par la raison que l'impôt est chez tous les peuples le prix de la garantie de leurs propriétés.

Pour réfuter l'objection portant : ,, que la Belgique, étant réunie à la France, doit être régie par les mêmes lois '', il suffirait d'observer que les lois doivent être modifiées d'après les localités, les coutumes, les usages et le génie des habitans. Mais nous trouvons dans cet argument même le triomphe de la cause que nous défendons. En effet, le clergé belgique ne doit connaître et ne doit invoquer d'autres lois que celles consignées dans la charte constitutionnelle de la France, et dans la déclaration des droits de l'homme, qui assure aux propriétaires (art. 5) le droit de disposer de leurs biens, revenus, du fruit de leur travail et industrie.

On ne lit dans aucune page de ce pacte social, que les biens ecclésiastiques des pays conquis ou réunis seront à la disposition de la France. Les décrets qui ont atteint le clergé, sous l'Assemblée constituante, sont des mesures révolutionnaires, des lois de circonstance que les législateurs ne peuvent reproduire sous le règne tutélaire de la justice.

Je me résume : pour opérer dans toutes les ames une entière conviction, il suffit de remettre sous les yeux des Gouvernans leur propre ouvrage. Ils y liront au paragraphe *devoir* :

,, La déclaration des droits contient les obligations des
,, Législateurs. Tous les devoirs de l'homme et du citoyen
,, dérivent de ces deux principes gravés par la nature
,, dans tous les cœurs : *ne faites pas à autrui ce que vous*

ne voudriez pas qu'on vous fît : faites constamment aux autres le bien que vous voudriez en recevoir ".

S'il était possible que la proclamation de ces principes, objet du culte de toutes les nations, ne fût qu'un charlatanisme hypocrite, il ne resterait plus qu'à gémir sur les maux de la patrie, et désirer la mort comme le terme du long supplice de l'existence ; mais le Gouvernement actuel, fils légitime de la Constitution de 1795, pourrait-il assurer le triomphe de la tourbe féroce des factieux, en se faisant un jeu de violer les lois dont le dépôt est confié à son amour, à sa sollicitude ? Une pareille crainte est si éloignée d'un cœur qui honore les vertus des Gouvernans, que je ne crois pas devoir jeter le voile officieux du silence sur l'incivisme prononcé des Administrations de la Belgique. Tout ce qui peut bannir la confiance, aliéner les mœurs et prévenir contre la moralité du peuple français, est mis en œuvre par les Corps administratifs du département de la Dyle en particulier. D'un côté, ils grossissent la liste des émigrés pour éloigner les propriétaires fonciers; de l'autre ils multiplient les germes de mécontentement, en favorisant ou opprimant les citoyens, au gré de leurs caprices, dans la répartition de l'emprunt forcé (1).

Il existe un moyen infaillible pour déjouer ces manœuvres. Il consiste à généraliser la publicité des cotisations, dont la commune de Gand a donné l'exemple.

Le Représentant du peuple *Mailhe*, rapporteur d'une commission spéciale, a donné aux différens Corps ecclé-

---

(1) Nous citerons pour exemple l'abbaye de Grimberghe, qui se trouve imposée à 20 mille livres en numéraire, dans la cote additionnelle de l'emprunt forcé, tandis que toutes ses propriétés sont frappées du séquestre.

siastiques l'expectative de la jouissance de leur mobilier : cependant, les Administrations départementales et municipales se permettent de disposer de ce mobilier. Un trait achevera de peindre la malveillance qui anime ces Administrations. Le Commissaire du pouvoir exécutif près la Municipalité de Bruxelles a porté l'esprit de vexation, jusqu'à exiger que les religieuses capucines livrassent des matelas, qui ne sont pas et qui ne peuvent être en leur possession.

En un mot, la Constitution de 1795, est méconnue ou méprisée dans ces contrées où règne l'arbitraire, où les arrêtés tyranniques des missionnaires du régime décemviral ont seuls force de loi.

L'exposé rapide de ces faits, dont la notoriété publique atteste la vérité, assure sans doute au clergé de la Belgique la justice qu'il a droit de réclamer.

J'acheverai ce tableau en observant que par une inconséquence qui porte le cachet de la passion, plusieurs maisons religieuses sont, par l'effet du séquestre, privées de la jouissance de leurs biens, et néanmoins imposées à l'emprunt forcé. Plusieurs d'entr'elles sont taxées à des sommes exorbitantes. Le moyen que ces maisons puissent acquitter de pareilles charges, quand leurs revenus sont arrêtés et leur crédit annéanti ? Dans cette position cruelle, le Clergé belge, constamment animé des vues les plus patriotiques, n'attend que sa réintégration dans tous ses droits et possessions, pour prouver au Gouvernement français que la reconnaissance, unie à l'amour du bien public, commande et embellit les plus grands sacrifices.

Un Gouvernement républicain doit protéger sans

(15)

détruire, et dicter des conditions sans tyranniser. La générosité est l'apanage de la force ; la véritable gloire consiste à rendre les peuples heureux par l'exercice constant des vertus publiques.

Si le régime constitutionnel n'admet pas les vœux religieux, si les corporations ecclésiastiques doivent se dissoudre à la voix du génie de la liberté, les membres de ces corporations invoquent les droits de l'homme. Ils sont citoyens français, et leur sécularité, loin d'emporter la privation de leurs biens, leur donnerait de nouveaux droits à la protection du Gouvernement. S'il en était autrement, la République française serait aussi injuste, aussi inconséquente que le colon qui, en affranchissant son esclave, lui ferait acheter ce bienfait par la perte du fruit de ses épargnes, et ne briserait ses fers que pour le condamner à mourir de faim.

L. J. DONCÉEL.

De l'imprimerie de MORNEWECK et Compagnie, Propriétaires et Editeurs de l'Impartial Européen, rue du Chêne, N°. 171, vis-à-vis du Bureau-général des postes, à Bruxelles.

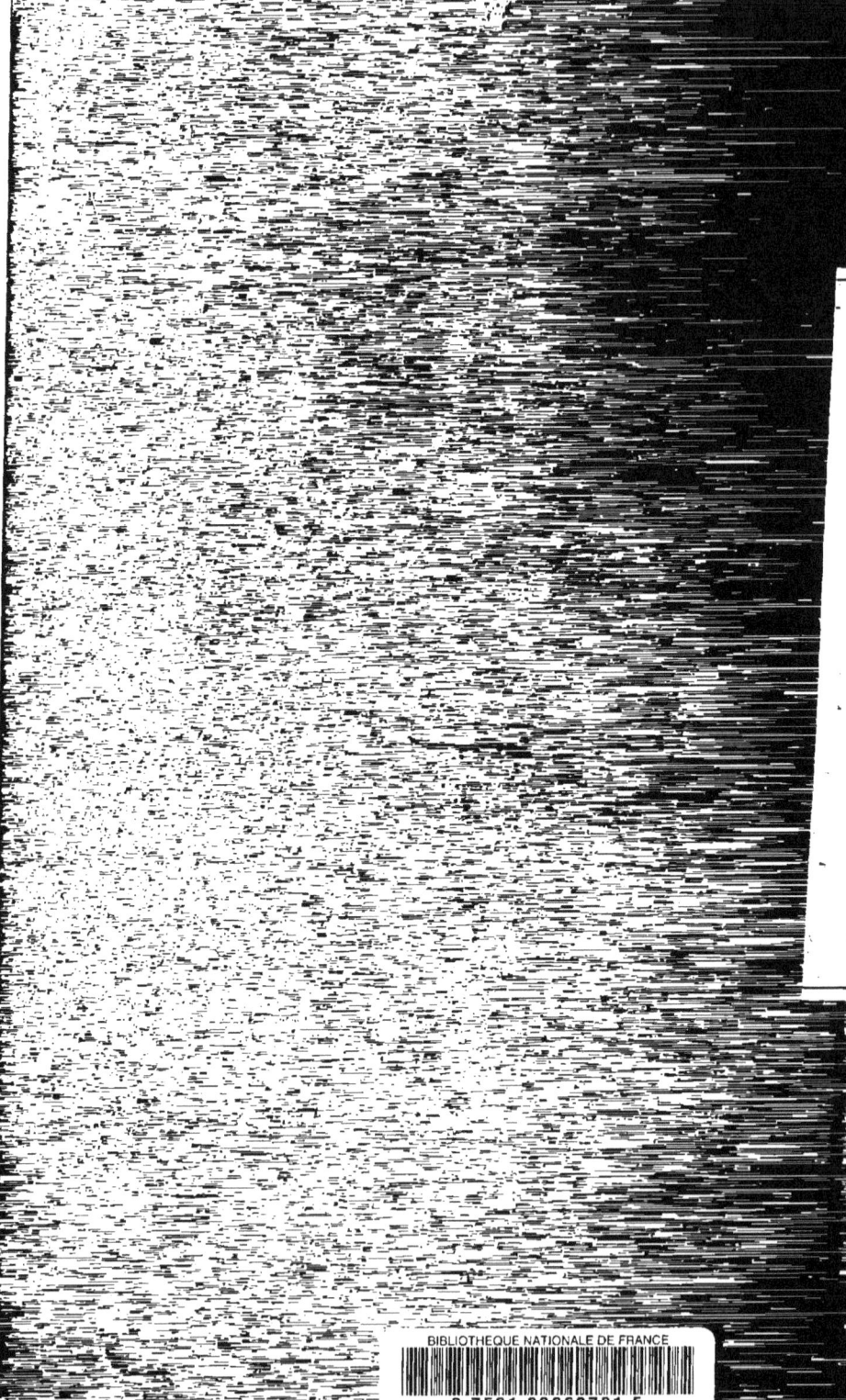

www.ingramcontent.com/pod-product-compliance
Lightning Source LLC
Chambersburg PA
CBHW070530050426
4245ICB00013B/2941